Roberto Lasco

Frammenti Lirici

Youcanprint *Self-Publishing*

Roberto Lasco è nato a Marcianise il 2 maggio 1967 e risiede a Capua. Insegna Lettere presso l'Istituto Tecnico Commerciale Statale "A. Gallo" di Aversa e la raccolta "Frammenti lirici" rappresenta il suo esordio come poeta.

A mia moglie,
opera sublime, linfa vitale, quintessenza del mio spirito.

Titolo | Frammenti lirici
Autore | Roberto Lasco

ISBN | 978-88-93320-62-7

Youcanprint Self-Publishing
Via Roma, 73 – 73039 Tricase (LE) – Italy
www.youcanprint.it
info@youcanprint.it
Facebook: facebook.com/youcanprint.it
Twitter: twitter.com/youcanprintit

PRESENTAZIONE

Il Prof. Roberto Lasco dà alla luce una raccolta poetica dal titolo "Frammenti lirici".

Una dizione che esprime meno di quanto vorrebbe definire.

Le sue poesie, infatti, non sono frammenti ma ben strutturate ed articolate composizioni; e non sono semplicemente liriche, quasi immediate, effusive e ritmiche manifestazioni dei suoi stati d'animo.

Esse, infatti, per un verso lasciano trasparire il profondo e ben assimilato bagaglio o sostrato culturale di cui l'autore dispone e per altro verso evidenziano come la causa occasionale ed il motivo ispiratore, che sono alla sorgente o alla radice dei suoi versi, vengono sempre mediati e arricchiti da sovrasensi che conferiscono ad essi non univoche ma variegate e inattese risonanze.

Talchè egli appare non come una solitaria voce recitante il suo "mitico riflettere", nel "mare dell'essere", una colomba <<messaggera d'augurio/ in un mondo vano e fallace>>, o quale un airone che si libra "libero e felice" quasi "preludio" di un giorno migliore, o più ancora un Angelo che vorrebbe dare qualcosa << di meglio al cieco mondo>>.

Non solo, ma, non una volta, disertando l'angusto cerchio del suo "io" e delle angosce o gioie che lo esaltano o tormentano, in un afflato di partecipe tristezza egli volge il suo sguardo a tante mani che <<vengono tese/ da coloro che soffrono>>.

Ma lo conforta la certezza che <<ad accoglierle c'è Dio/che conduce su sentieri immensi/dove serenità di spirito e calma perenne/coprono l'amalgama umana>>.

Così come in un "sogno" dal volto d'una persona cara vede sprigionarsi << all'improvviso una luce>> che lo travolge e trascina << in un sentiero d'amore>>, mentre al cospetto di quello materno una gioia lo adduce in un <<campo di eterno splendore>>.

Ben sapendo però, come per la sua Anna, che le parole <<non bastano/ laddove si entra per trovare/ il dolce segreto dell'anima>>, quand'essa è <<qualcosa di sublime, di etereo, di vivo, qualcosa di insostituibile>>.

Una poesia, quindi, quella di Roberto Lasco che addensa <<fotogrammi di cielo>> e di tempo e risulta un <<caleidoscopico arcobaleno>> di sentimenti e immagini, di sogni e di pensieri che ha la giusta pretesa e la non tenue ambizione di lasciare un'impronta di sé <<per colorare il vivere/ tanto smorto/ come un quadro logorato dal tempo>>.

E spesso, in ragione di questi brevi, rapsodici, esempi citati ci riesce.

Giuseppe Centore

PREFAZIONE

La raccolta poetica "Frammenti lirici" è frutto del desiderio più profondo di far rinascere la poesia a guisa di "Araba Fenice", nella società contemporanea globale troppo presa da una comunicazione sincopata e paralinguistica, spesso, priva di qualsiasi reale sostanza.

Il linguaggio virtuale, ormai, ha preso il sopravvento: la multimedialità, Internet, i Social-Network giocano un ruolo fondamentale, molto lontano dai canoni tradizionali dell'arte.

Il testo poetico, nelle sue molteplici categorie, sarà sempre l'espressione più alta e sublime dall'indiscusso valore etico ed estetico.

In un contesto culturale e socio-politico complesso ed eterogeneo; in un mondo sempre più economicamente e moralmente fragile, dove tutto sembra essere il contrario di ciò che è, spero che il lettore riesca ad interiorizzare e riscoprire la passione evanescente e il piacere per la vera lettura, consapevole che un linguaggio poetico, empatico ed assertivo, sia più incline ad una pacifica e concreta rivoluzione intellettuale, protesa verso un' avveniristica quintessenza.

Capua, 30-12-2014

Roberto Lasco

Sensazioni di vita

La mia mente erra
in questa nuda terra
sarà perché vivo
desiderio di divenire un divo,
ma nel grande immenso
c'è del sole il calore intenso.
Chissà a cosa penso?
Nel mio se c'è voglia di te,
la voce penetra ohime!
Solo tu potrai dare un senso
a questo mio mondo, perché no?
Ora tu voli con me per tempo.
Non voglio però fissare te
che in fondo sai il mio sgomento,
fin quando saprò infonderti
il mio sentimento.

Ricordo perenne

Maggio odoroso di piaceri,
mancato sogno d'amore
pizzica un ricordo perenne,
quasi come se fosse sortito dal niente.
Incentrato nell'ombra del vago,
come per dir non c'ero io,
quando quel vel di nullità,
memore, magicamente, si
coprì d'un color fuligineo.
Oh! Saprà l'ambito ricordo perenne
cancellar il nostalgico sapor di miele
delle tue labbra?
Tutto sarà affidato a chi non cederà
davanti al fulgor dei tuoi occhi pudichi,
che riflettono il mio radioso cuore,
quando sarò pago del caldo vivo
che penetra furtivamente
per rivivere il ricordo perenne.

Calma solenne

Calma solenne d'un giorno d'estate,
sentimento ardito di un'etate
orgoglio di un uomo certo
finzione senza sconcerto.
In un sospiro inconsueto d'amore,
nel caldo solere del viver sincero,
un guizzo sospende il fil reale
senza irromper nel fatale.
Calma di un giorno d'estate,
solenne forse, ma che di te
non ha pietate.
Grigior di vita, miser mister
d'un giorno che piange
e s'attrista ancora.

Innamoramento

Colpito da un sogno molto degno,
come se fosse pegno di un codardo,
misura amara per capir di certo
un amore aperto.
Innamoramento, solido come
ardimento di chi ama,
fondato nel mezzo della vita
che invita all'amore
come al valore di parole
liete e concrete.
Coraggio, seduzione, comprensione
s'assidono in riunione
come colui che trapela
nel profondo di un nuovo giorno.

La musica dello spirito

Seduto lì ad aspettare
tra le siepi rugiadose,
mi rimaneva solo
il mitico riflettere.
Fra limpidi ruscelli
tracce d'inebriante naturalezza
logoravano il sordido destriero
che sembrava non aver posa.
Tutte immagini, quasi come affreschi
affollavano ed obnubilavano
la mia mente.
In mezzo a tanto afflato
si schiudeva il virgulto dello spirito,
una musica soave
che ottundeva l'inganno tramato
dalla materialistica umanità.

Paradisiaca vanità

Lassù per via maestra
s'invola un grido di speranza,
parallelo etereo ed immaginoso
tra io e non io per dir
certo son tale.
Chiarori sparsi d'immenso
cancellano il tramonto
d'un giorno inerte.
Aere trapassato trasmuta
il canto celeste
in paradisiaca vanità.
Mondani paralleli di vita
che irrompono nel nulla eterno
frodano coraggi e delusioni.
Sinapsi confuse condannano
il travaglio dell'essere per
dar vivo colore
all'immagine dei sensi.

Linguaggio perduto

Languide parole s'affollano
nella mia mente,
ricordi pigri infrangono
un linguaggio perduto,
forse per caso in questo etere.
Simmetrie confuse
del nostro vivere lambiscono
un soffuso corrispondere.
Logiche qualunquiste mirano
a celare il nocciolo,
quantunque sia esso original fine.
Tutto è parola ma niente potrà
lenire questo male
che offusca inesorabilmente.
Silenzio chiarificatore
denuncerà il morbo
ed il linguaggio sconfitto
dovrà cedere per il nulla.

Inseguendo l'essenza

Per esser certo d'un mare ignoto
moltiplicavo gli sforzi
senz'ombra di posa.
In tante atmosfere d'effetto
non celavo il putrido
ed indelebile sapore
che parea tutt'altro che vago
nell'antro vivido
dei miei sibillini sensi.
Nel coglier l'essenza
evocavo il ricordo d'una lei
inimitabile e vera,
che mi facea librare
nel mistico etere
di una vita illusoria.

Naufragio d'amore

Nel mare dell'essere
un cuore s'infrange per amore.
Naviga per rotte inerti
il pensiero dell'anima,
corroborando il corpo
di un uomo solo,
che cerca posa
in un naufragio d'amore.
Continui misteri
avvolgono lui, che la vita
finalmente arride.
Tenaci colpi inflitti
insolentemente ma schietti.
A parlare è l'amore
con voce stridula,
perché sa che più niente
potrà cancellare
un'indelebile macchia,
che implacabilmente corrode.
Allegrezza, calma e ardore
vengon quasi per dar consiglio
ad un uomo che soffre
per un'irreale verità,
che come colomba
vola messaggera d'augurio
in un mondo vano e fallace.

Ritrovo infinito

In una sera allusiva
il calore di un fuoco intenso
lasciava cadere un brillante
ma prosaico futuro.
Lì tra l'ardore dei prati fioriti,
immaginavo l'aria serena
carpire quel che nessuno
mai poteva dire.
Sì c'era l'intimo
di una mente in movimento,
che sussultava in tutto
il suo organico piacere.
Al termine dell'atto
la scena coloriva il grigiore
dell'eterno malessere.

Vivere

Agitato, riordino il caldo sapore
dell'esistenza.
Succede che l'attimo è sfuggente
perché coglie l'essenza,
che compare misera e stanca
in compagini estetiche.
Libero le ali consumate
dal veleno del tempo,
che corre per anelare
sicuro dell'impeto
che mi trascina leggiadro
fra mete incantate.
Il vivere per il vivere
s'atrofizza in distese d'immenso,
quasi a significare che il vago
ha conquistato l'essere.
Echi lontani, dispersi nell'aria
rivelano l'intimo gioire
di chi pensa che tutto s'ottiene
senza il plauso dell'infamia.
Giardini sommersi appaiono
come scene di un teatro che
ha perso splendore perché svilito
dalla coltre della saggezza.

Echi romani

Immerso nell'angolo remoto,
un volto solleva
il ricordo tranquillo
di un'era che fu.
Letteratura, Storia, Civiltà
s'intrecciano nei secoli
come una catena
che non spezza l'ardore
di chi intensamente
si compenetra.
Echi d'una Roma che tace,
ma pur sempre viva e presente.
Latinità che fa meditar su tutto,
anche su un amore d'estate,
che si perde tra i flutti del mare.
Ritenere contatti impensati
è sempre giusto,
ma il fuoco che dentro non placa,
corrode il corpo che brucia
per una cocente passione.
Sarà il caldo dei sensi
o l'interesse per sostanze ritrose
che forse aiuterà a carpire
il manierato dolore
che s'infrange ferino
tra onde lontane.

Preludio

Se l'aere fosse terso
e scevro da miseri echi
che risuonano nel nulla,
il calore dei nostri sogni
avrebbe la meglio.
Meta del pio errante
sarà la quiete
dopo una tempesta di idee
che rasentano la follia.
Preludio,sì,
ma di un giorno migliore
rinverdito da un'alba chiara
che fluttua come l'onde
in un mare che si libra
a mò d'airone
libero e felice.

Quel che rimane per sempre

Nell'aria tersa
sentimenti sicuri si librano
per cercare la quiete
tanto offuscata.
Ad accogliere il richiamo
c'è lei pronta a lottare
ed a vincere
per capacità ed impeto.
L'intero suo fare
è già lavato
per rendere caloroso
e fascinoso il suo io.
Armonia e magia
si uniscono come in simbiosi
e danno vitalità e freschezza.
Sempre lei è quel che
rimane per sempre
e si eleva dal resto
lasciando l'impronta di sé.
Tutto certo rimarrà
per colorare il vivere
tanto smorto
come un quadro
logorato dal tempo.

Se fossi un angelo

Se fossi un angelo
darei di meglio
al cieco mondo
incredulo, vano,
seguace del nulla,
principe di creta
pervaso dall'ombra
del celeste immenso.
Sapore, mistero divino
di paradisiaca vanità,
angel salito alla santa
corona di Te, padre
di chi non va
né in ciel né in terra,
di chi è signore
di materia pusillanime,
orgoglio del palese,
infingardo, gelido,
cristallino viso
che mostra il fato
che corre verso
il pensiero di me,
qual consiglio che dà
anelito di pace all'umanità,
maggior lume
per non svanir
nella condizione oscura
dell'irrazionale,
che di certo ha seguito me
nel tragitto
dell'immanente verità.

Musica e vita

Nel flebil calor
d'un segreto amor
s'immerge il celeste candor
d'un armonia.
Musica e vita,
sentite espressioni
d'intrinseco valor,
immane orgoglio
di chi sa che musica e vita
son liete a chi
s'adopra per lor.
Nulla sa esprimer
più che meandri
profondi dell'esser,
costanti frequenze
di sacro valor.
Vita sì ma sincresi
di pace, di affetti
e di coralità
connesse alla Musica,
dolce e perenne
sostanza che vibra
nel caldo profondo dell'io.

Limiti rapiti

Limiti rapiti dal profondo del mare,
intensi ragguagli per cercare
il vero della coscienza.
Lontani sistemi per la vita
rimangon pur sempre per te o caro
che purtroppo mitizzi tutto,
senza pensare che limiti
han linguaggio rilevatore,
ti dicon ecco questa è la vita
per giunger al destino sicuro.
Raggi di luce abbagliano
con tragico profluire
la tenera coltre del tuo essere.
Limiti innocenti che il rapimento
ha sottratto alla quiete.
Ciance, ricordi, passioni,
sospingono sulla linea del sogno,
rinato per linear proposito
a guisa di piacere.
L'intero dire sarà
sì consono alla vanità,
ma non ti potrà
purtroppo trasmutare e condurti
nel labirinto del vivere.

Ritratto d'autore

In un treno che conduce
tra indefinite prospettive,
la calma sembra affrettarsi
per appagare l'attimo che fugge.
In me vibra l'estro armonico
di un mondo che ripete limiti
d'irreparabile squilibrio.
Soltanto il carteggio d'un arte libera,
manipola il coraggio
di chi in fondo lotta
per saziarsi del saporoso credo,
misto ad una incessante forza,
che penetra fin entro le membra.
In un monologo che si introduce
quasi come una brezza,
il dolce segreto dell'anima
minaccia il calante ritmo
di una vita sempre in cerca
di un giorno che passa.

La luce dei tuoi occhi

Giardini incantati
che emergevano dal mare
come sirene
lasciavano trasparire un bagliore
improvviso ma vero.
Era la scia d'un sicuro pensiero
che s'affannava per te
che eri pronta ad accoglier
il sorriso delle mie labbra
corroborate dalla tua dolce bocca,
nel richiamo impetuoso dei sensi.
La luce dei tuoi occhi mi diceva
lascia e vieni con me
ed io intanto rimanevo muto
davanti a tanto splendore.
L'innocenza dei miei sentimenti
mi calava in un'atmosfera irreale,
ma piena di aura onirica,
che facea vibrare il mio cuore,
come se fossi stato un bambino
desideroso d'affetto materno,
animato da tanta vivezza ed amore.

Il valore della vita

Valore, amore, dolore
parole che non fanno rumore.
Sensibilità acquisite della vita,
ma poi sì è vero, esser sincero
non vale oggi dove nulla è mistero.
La vita è vita
per questo goder giova come aver
e come piacer.
Ormai niente al mondo
potrà cambiar la vita,
gioia infinita, onesto piacer
dai mille colori.

Falsa moralità

Falsa moralità
di chi non ha pietà,
di chi vive a metà
tra infamia e viltà,
impatto sicuro
verso un destino duro
che potrà tenere all'oscuro
un sogno duraturo.
Minaccia che impaccia
mutando faccia
in situazioni che non lascian traccia.
Onore, calore, sapore,
regalità dorate penetrate
fin dove vanno intercalate.
Materia connaturata,
isolata in ogni giornata
perchè disprezzata.

Silenzio interrotto

Lento e calmo si volge
tra passi remoti
un uomo che piange
il solitario refrigerio
dell'anno che corre.
Pigro giudizio rifrange
tra tessere d'un mosaico
che si disgrega
per trovar nuovi colori.
Il silenzio dell'anima mite
rinsalda il calore
d'un giorno assolato
e fin troppo amato.
Ancora l'aria si sporca
d'un rumore palese,
ma purtroppo nascosto
dai molti.
Visibilio frequente che s'adagia
al primo rifluire del pensiero.
L'idea s'impelaga tra verdi campi
che vanamente si mostrano intatti.
Ad avere la peggio
è evidentemente il silenzio
che s'affanna
per farsi strada tra il vivere.

Sogno placato

Sogno placato
di un giovane amato,
cordialmente isolato
nel suo io fatato.
Miracolo certo come salvezza.
Diserto, inaspettato giovin
s'avviva il cor
d'un inconsueto sospir d'amor.
Corona d'allor, miscuglio mondano,
calor sincero per dir t'amo.
Fresca, pulita età c'hai mostrato
sia cimento d'un uom prostrato,
per dir sì alla vita,
alle ignude dita,
all'amor struggente
anche se il valor di tutto è villanìa.
Rinfrancato sogno
placato dall'ombra
infranto dal vento
d'un sospir d'amor.

Donna per me

Donna, solo donna,
nient'altro che donna.
Un vago sentimento per te
non m'inganna.
Cosa farò senza te non so,
ma la gioia in te infonderò.
Senz'altro saprai
l'orgoglio che c'è in me
che avrà un suo declino senza te.
Ma sempre la vita mi dirà donna,
anche se tu sarai casta come una Madonna.
Sì adesso ho capito è un affronto
che di fronte a te non avrà confronto.
Questo sgomento per te
saprà sol darmi gioia
sin quando non avrò l'amore
che colorerà con sete il mio dolore.

Carisma d'amore

Linguaggio forbito,
significato recondito.
D'intorno vibra il sentire giocondo,
gioisce il profondere del mio io.
Immagini offuscate
sembrano far trasparire
il Carisma d'amore.
Montarsi la testa
in questa tempesta
sarebbe inutile
perché l'evanescenza
della tua sostanza
ne avrebbe la peggio.
S'accende una luce in me
che lascia la scia del rimembrar.
Intanto il tuo carisma va
per sconfinati sentieri
imperterrito fino alla
porta della speranza.
Gaudenti sorrisi invadono me
che tanto gaudio non ho,
ma riesco a desiderar d'esser vivo
per centrare il calore delle tue membra
che avrebbero tanto bisogno d'amore.
Nella notte dei tempi
il buio mi fa meditar
ed esser certo di te rimane pur vano
fino a calare in nullità.

Sentieri lontani

Lanciate dovunque
le schiere di anime
s'intingono di polvere fetida,
quasi contagiate dal fango
stimolano la fame che viene
a coloro che guardando
han cuore di pietra.
Vagano in distese libere
sguazzando e gridando a voce alta
per avere ristoro
da chi ha sete d'amore.
Corpi striscianti nell'aria malsana,
che pur vagando per colpe commesse
toccano il limite divino, lo superano.
Sentieri, solo sentieri lontani
sono percorsi nel vuoto,
nella oscura coltre
che avvolge e trascina per sempre.
Tante mani vengono tese
da coloro che soffrono.
Ad accoglierle c'è Dio
che conduce su sentieri immensi,
dove serenità di spirito e calma perenne
coprono l'amalgama umana.
Il dolore, il sacrificio valorizzano gli esseri,
che pagando per esser stati rei
tagliano il filo di vita
sul quale si segue il ghiaccio pungente
fino a quando sopraggiungerà
il balenante calore del Padre,
che come una piacevole carezza
dà sollievo e speranza

La stagione dei sensi

Un giorno d'estate parea cristallino e puro
sottendeva sconfinati sentieri di piacere.
L'incanto facea perder traccia d'ogni abitudine.
Tra tanto grigiore ti ergevi tu
ed io ero pago per aver fatto rifluire
la sensualità nascosta dall'alveo di un fiume
che sgorga libero tra valli ridenti.
L'intreccio dei tuoi misteri mi rendea paziente
e certo di conchiudere
il solerte ma reale tremore intimo
che tutto mi prendea.
La stagione dei sensi,
col libero arbitrio del destino
ha plasmato l'amore,
materia viva fra tanto inconscio sapere.
Ed ecco che tu, dolce vita, sei diventata vera,
candida e m'hai ridato il sapore del vivere.
Le tue labbra se pure nemmeno sfiorate
m'han detto tutto.
L'amore è giunto e si è manifestato,
travolgente e forte per placare gli animi
e rassicurarci d'un improvviso ma verace
guizzo di calore che ha rotto le barriere
ed è andato a vagare nell'etere
d'un mondo tutto nostro
creato per amore.

Genesi

Frammenti lirici,
riflessi nell'enfatico divenire
d'un caos ordinato,
si librano paghi
d'aver cantato
la creazione dell'essere.
Ormai privo di sensi
sembra osar contro corrente,
chi crede nell'intimo fluire dei sensi
ed erra ignaro
nell'etereo mare dell'infinito.
Chissà qual intelletto
s'assunse quell'arbitrio
d'amar fuor di misura
l'alma di colui
che della Genesi
fè l'opera omnia?
Ognun tragga giammai,
quell'etico valor che unisce,
nell'estasi cristallina
d'un mondo alla deriva.

Gioia

D'improvviso arrivi
col tuo incedere armonioso,
in un giorno votato
a dipanare un groviglio,
riusato e avviluppato nel nulla.
Aurora, principio fugace ,
che s'affatica a rifluire,
stella luminosa nel firmamento,
momenti reclusi
nell'estasi empatica
d'una leggiadria desueta e pura.
Sensazioni sparse che s'affollano per te,
certe che non avranno clemenza,
nell'alveo etereo del tuo amore.
Tu, sol tu, angelico volto di donna,
strappatami dal fato,
saprai donare all'uomo mai avuto,
il semplice sapore duro
d'un tramonto d'infinito.

Armonie perdute

Sinfonie contemporanee,
non più armoniose,
trascinano lontano
laddove vibra
soltanto una corda spezzata
d'una viola d'amore.
Strumenti all'unisono
vorrebbero suonare
note che, purtroppo, s'infrangono
nel mare del silenzio.
Tutto si perde,
privo di senso,
nell'estrema fatica
d'un giorno spuntato all'aurora
e giammai rapito
da un tramonto senza pace.
All'improvviso,
un sibilo corroborante,
dona un'armonia celeste
che, provvida d'amore
promette infinita speme
e metamorfosi impetuose.

Impeto e Passione

Romantico fluire
d'un sogno d'amore,
onirica linfa
che scorre nei meandri del piacere,
vibrante e sicura
d'un folgorante desiderio,
rinascente dopo aver provato
una corrispondenza sensuale
d'ineguagliabile sentire.
Oh! Qual tripudio d'ingenua passione
penetra il mio io tremante?
Giammai potrò librarmi,
o forse l'irreale ardore
poscia vivrà in noi,
pago d'esser riuscito
a recidere il filo,
che lega l'anonimo segreto
del nostro connubio
d'impeto e passione.

In nome dell'amore

Onde fluttuanti si perdono,
per infrangersi nel nulla.
Occhi persi nel vuoto,
d'improvviso vedono
un raggio di luce fulminea e tersa,
che lascia presagire
un coraggio che mai prima
avea creduto d'esistere.
Eppur è amore !
Nel suo nome eterno e vero,
pullula un'innocente passione
e s'intreccia in un vortice
di puro, idilliaco e sublime desiderio.
Niente potrà mai frapporsi,
a guisa di veemente strale,
tra chi s'ama perdutamente
nel nome dell'amore.

Libertà

Coraggio intriso d'amore,
orizzonte bramoso d'infinito,
profumo di terra proibita.
Storie di vita minacciate dal nulla,
guidano eroi proiettati lì,
dove il futuro cristallizza
le passioni di chi è vinto,
avvolto e sicuro
nel perenne alveo della libertà.

Sogno d'amore

All'improvviso una luce
mi travolge e mi trascina
in un sentiero d'amore.
Appena volgo lo sguardo
per osservare il volto di una lei
di stupefacente splendore,
m'accorgo che la passione
cresce inesorabilmente.
La sconvolgente verità
si fa sempre più viva
nell'impeto di un giorno d'estate
che segna il destino di un uomo.

Immagini confuse

Terribilmente tuo
per ogni fatalità
di routine,
ritagli sparsi
curvano linee parallele.
L'intero carattere
dei tuoi sogni
culla l'infante desiderio
che palesa
una costante inclinazione.
Lucidi presagi colpiscono
tutt'altro che immateriali visioni.
Contese interiori,
contingenti occasioni
per renderti illuso ma pago.
Sintesi corali,
armonie calate d'effetto
dall'impeto sensuale,
mostrano arcobaleni
che s'affievoliscono
in un'aura tersa e onirica.
Parole nate dall'intimo
che s'affacciano alla mente
per trasparire e violare
il dolce segreto dell'io.

A mia madre

La profonda gioia del cuore,
mi prende e mi trascina
attraverso campi
di eterno splendore.
Tutt'altro che pago,
mi volgo verso te , o madre,
che sei pronta
ad ogni richiamo.
Al mondo ci sei
per dar sete e amore
a chi ha bisogno di te.
Eppur mi sento vivo,
perché caldo e soffice
mi si mostra il tuo viso,
all'apparir di un manto
di speranza,
che tutto mi penetra
quando a te mi volgo
per ogni desiderio.

La voce dell'invidia

Salvati da un appello razionale,
calati nell'esatta sfera del piacere
in molti s'assillano,
perché sentono qualcosa d' indefinibile,
ma pur sempre vicino.
Ecco sopraggiungere
tra barlumi di speranza
un'onesta voce,
che dà un tremito
e ti riempie di tristezza.
Vorresti allontanarla,
ma essa è prorompente e viva,
in un mondo oramai alla fine.
Sì è vero è l'invidia
con la sua trasparenza
che fa meditare.
Culla di tanta ingiustizia,
barca costretta
all'inesorabile naufragio,
che ridesterà gli animi
scossi da un'immanente verità,
che arde senza tregua,
il tuo vulnerabile cuore.

Magico incontro

Rivoli d'antico incanto,
ridenti e corallini
aprivano lo scenario
d'un mondo fantastico.
Così avvenne,
che per desiderio d'amore,
due come noi
vennero presi in tutto il corpo,
da un brivido sincero
che ci rimanea per la vita.
L'anno, il mese e i giorni
correvano lieti per libero volere
d'un fatale destino.
Carpire il nulla
sembrava un gioco d'infanti,
ma l'incastro
del quieto, labile avvenire
si componeva da sé,
senza aiuto alcuno.
Tra mille pensieri,
nessuno avrebbe immaginato,
nemmeno tu,
che il movimento dell'animo,
avesse potuto inondare
il manto di grazia,
finalmente giunto,
sulla contigua sponda
dei nostri valori.
Come carri stellari,
pieni del loro splendore,
io mi volgevo sereno verso te
che t'illuminavi felice
di ricevere la luce
che partiva dritta dal mio cuore.

Nel giorno dedicato all'amore

Sensibili carezze attraversavano il mio intimo,
desideroso d'amabili contatti.
Tra i tanti giorni, che pur passavano
con incessante progressione,
ero impregnato d'una allegrezza
fuor dell'ordinario.
In traversabili momenti,
l'impero del cuore s'involava,
come se i regni dell'immanente realtà,
limitassero il dimenarsi
dell'abile frequenza delle emozioni.
Ecco che quasi per caso
trastulli inconsci mi ridestano
per dire svegliati o uomo,
in un aere di idilliaca
e bucolica serenità.
Una parola pur risuona,
sintomo del verecondo rossore,
che mi prende quando tu o mio amore
ti rivolgi per trasmettermi
un anelito di perenne freschezza.

Solitudine

Rimpiango momenti lieti
perché altro, purtroppo,
non so fare,
quando un nodo
mi stringe alla gola
e soffoca in me
quella voglia di vivere.
Immagino tra onde,
di un mare sconosciuto,
un'isola dove poter afferrare la solitudine,
forse chissà anche sfuggire
all'intramontabile smania
di vedere una meravigliosa effigie divina
sbattuta da un vento travolgente.
Rimugino costantemente
un non so che di ideale,
che rende schiavo il mio essere
e lo incatena in una bolgia,
larvata da una materia,
troppo arcana per essere reale.

Contatto imprevisto

In tanti punti,
oscuro appare il cantico,
del tale che libera
una nuvola di piacere,
col muovere così parcamente,
accordi d'una lineare armonia.
Questi è vivo e presente,
in sembianze riesumate,
per ragioni ovvie
che liberano il caleidoscopico valore,
trasceso e ormai vivente
e annichilito al tempo stesso,
lasciando tracce
di effimera insignificanza.
Nel momento della perdizione,
finalmente giunge, un contatto dolce,
ma imprevisto che dà illusione
e rigenera il venale portamento
di un animo corrotto.

Apologia di un amore senza fine

Da una finestra che volgeva ad Oriente,
correnti di tramontana,
sibilanti ed invadenti,
cozzavano su sponde,
che avviluppavano il coraggio,
di chi era alacre per dissolvere
il richiamo contingente dell'io.
L'introspezione concisa e vanifica
introduceva nell'antro di un amore,
che sapeva quasi esser chiarificatore.
Sì continui sussulti interiori
mi suggerivano albe e non tramonti
per realistica decisione.
Il tocco lento e sincero dell'amante
leniva e guariva una ferita giammai aperta,
perché l'ineguagliabile calore di lei
sentivo per difendere l'enfasi
dettata da un'anima segnatamente pigra
di fronte all'amena legge
di un amore senza fine.

Donna....immancabile presenza

Lì tra molte limpide certezze,
in un attimo rimpiango lei.
Chi se non tu o Donna
vestita d'un manto di speranza,
libellula che vola dritta al suo nido?
Travolgenti passioni ti rinverdiscono
e t'aspettano sulla soglia del pathos,
contattando il trangugiare della tua bocca.
Ah se potessi! Certo farei tesoro
di tutto quanto c'è nella Donna,
per apprender ciò che un uomo
non sa cogliere,
perché dall'altra parte
della collina fiorita,
non si vede tutto l'operoso cammino,
che lei percorre,
in quanto l'occhio non arriva a peritarsi
dove l'orizzonte gli nega lo sguardo.

Anna

Per Anna ed in ragione di lei,
si realizzano i modesti traguardi
del mio vivere.
Non v'è controllo alcuno,
che possa impedire
il fluttuante moto
dei miei sentimenti,
perche essi son frutto
d'una cocente passione.
Libero da ogni convenzione,
sragiono e m'involo,
per afferrare un brivido
d'onesto piacere.
Anna, solo Anna so dire,
nient'altro mi conduce come lei,
in allucinanti atmosfere,
che sprigionano
un celeste abbaglio d'amore.
Il tempo, calunniatore
ed indocile tiranno,
non potrà mai cancellare il segno,
rimasto a guisa d'arte,
vegliante su corpi,
 che ardono e bramano,
nell'unità e nell'interezza
dei loro spiriti.
Anche le parole,
che soccorrono un uomo
e lo aiutano ad esprimere
ciò che sente,
non bastano
laddove si entra per trovare
il dolce segreto dell'anima.

Antichi valori

Il semplice eterno
pervade la sostanza
che ha ormai raggiunto
la pace dei sensi.
Un mistico germoglio si schiude
per donar la vita
ad antichi valori.
Candido e sublime
emerge all'orizzonte
un raggio di luce,
che penetra
fin dove è permesso.
Un crescendo di pensieri
affolla la mente
di chi ha nostalgia del passato,
d'un mondo ormai alla deriva,
che cerca ripetutamente
di emergere dai recessi più profondi
e rileva dal nulla personificato
un vivido sollievo di speranza.

Richiami articolati

Nell'uno e nell'altro soglio
ricalco le orme
passate e trapassate
dall'infido incedere
d'un io errante.
Seguendo la stella
che conduce all'eco
roboante e strisciante
nel riverbero della sera,
scolpisco tra le rovine
dell'obelisco affranto
un coronabile uccello,
che rinasce dalle spoglie innocenti
dell' araba fenice.
Fra tanto fluttuar d'angoscia
s'avviluppa il semiserio scoglio
d'un mare di richiami articolati.

Primavera

54

Tutto all'orizzonte appare mutato.
Una tavolozza, là in mezzo
ai campi da arare,
sprigiona nell'artista che osserva
un vivido risveglio dei sensi.
Primavera di profumi e di sapori vitali,
che inebriano l'aria
pronta a cogliere ogni attimo
struggente e vero,
che s'affanna nella tenera coltre
d'un tempo migliore.

Anniversario

Tutto era pronto e vivo,
nell'aere v'era il profumo.
Calibrati voli di farfalla
parean sfiorar tutto,
vinto ormai dall'impeto virtuoso
di un amore senza fine.
Oh! Anniversario!
Anelito fruttuoso
nel giardino rigoglioso e puro
dei miei sentimenti.
Ricordi scossi dalla memoria,
puntuali e vicini,
facean rivivere
quel dì fasto e rubicondo.
Irripetibili momenti,
rinfrescati e cristallini,
guidavan l'alma mia
per inesplorati calli,
sì presenti
nel dolce sogno
della ricorrenza.

Onde voluttuose in un mare in tempesta

Se nell'aere ci fosse sapore d'estate,
direi subito ecco questo è il momento d'amare.
Dopo, ripensandoci, m'accorgerei che sempre
il cuore vuole la parte che gli spetta,
per recitare nel teatro della vita.
Una scenografia molto ben articolata
mostra senza riserbo onde voluttuose
in un mare in tempesta,
perché sa bene che l'evidenza
non può essere celata,
quando un vorticoso guizzo di freschezza
sembra inondarti i polmoni.
Il tema del mare s'agita come le sue onde
e lascia trapelare lo scoglio che s'abissa,
quando una bufera vìola
il suo dolce riposo
lì tra la calma destinata a seguirlo.
Geografie lontane s'appellano
a precipui valori
spuntati fuori a mò didascalico,
per seguitare a vedere
ciò che l'altro non può vedere.
Un complesso e composito narrare
vien messo in gioco,
quasi a voler trasmettere,
quell'ansia di classificare
la struggente possenza
di un poliedrico sentire.

L'eco svanita dei miei sogni

Impeccabili come sempre,
i magici riflussi della mia anima,
mi dettano vividi, ma languidi appunti,
per rammentare che l'ibrido
può inveire sul fatale.
In ogni attimo del mio respiro
mangio rabbia per digerir amore,
specchio maculato dall'intricata faccia.
Limpido, ma alienato,
m'avvio per ritrovare l'essere,
forse sceso in un mondo inarrivabile.
Un dissidio intrinseco mi prende
ed il mio io lotta senza tregua,
fino a raggiungere un non so che
di pungente.
Tutto dilegua l'eco fievole,
esanime, impotente,
anche un barlume annichilito
da un sogno distruttore.
E' pur vero che tutto il mio dire s'inebria,
quando Lei m'arrovella
col calore insopportabile,
giunto per tempo
a guisa di dolce consiglio.

Cuore selvaggio

Deflagrazioni improvvise
riempivano il nulla,
ritmato dal silenzio
dell'animo sconfitto.
Palpabili ed esangui modulazioni
di armonie, spezzate
da taglienti strali,
colpivano nel vivo.
Battiti irregolari
di un cuore selvaggio
minacciavano rapporti,
rotti dall'impeto
aritmico ed apatico,
di un tramonto virtuale.
L'epilogo avea la meglio
sul prologo impetuoso
di un mare in tempesta.

Notte d'estate

Il cielo stellato e terso
è padrone dell'Universo.
Il firmamento guida
laddove tutto parla di sé.
Magica notte d'estate,
voluttuosa e sincera,
per ogni tenero amante.
Ogn'ora sembra infinita,
quando il dolce profumo d'una lei,
arricchisce di pura speranza
l'essenza pudica
d'un mero desiderio d'amore.

Libero infinito

Là nell'impeto errante
di un libero anelito d'infinito,
s'invola l'onta effimera dell'esserci per il tempo.
Nell'aere cristallina traspare, ormai, l'inebriante
sussulto d'un alma al limite estremo,
paga d'aver oltrepassato un mare tempestoso ,
aliena all'opra di chi è corroborato
da un coreutico fluire,
essenza pura,
linguaggio chiaro nell'estasi celeste,
che coglie l'attimo bramoso,
pronto a viver per sempre d'infinito.

Libido

Il chiaro fluire dei sensi
riluttava dell'Io.
Il piacere sintetico
ledeva il sogno proibito
d'una notte infinita.

Anna, ovvero l'anima del mio essere

Un angelico richiamo
conduceva, chi nella vita
non aveva mai avuto posa.
Attonito volgevo lo sguardo assente
verso mirabili prospettive,
che nulla potevano generare
se non amore.
La purezza evanescente
ora poteva essere bloccata,
da un tormento di irrefrenabile
ed inenarrabile vigore.
Anna, gridavo con l'animo,
che solo, percorreva la strada
dal sicuro avvenire.
Sempre Anna era qualcosa di sublime,
di etereo, di vivo,
qualcosa di insostituibile,
pur nell'angolo remoto
del tempo fugace.
La sua immagine è e sarà solamente in me,
uomo che ha finalmente trovato
il coraggio di dire
ecco l'aria si è rinnovata
in un clima di placido tepore.

Metamorfosi

Linfa che vibra
nei meandri dell'Ethos,
eccita il sogno d'un uomo,
che elude l'energico richiamo,
di un mondo che cambia
sotto l'egida dell'apparenza.
Lontano si sente
la passione di una metamorfosi,
spenta dalla ferita perenne,
di una sostanza vulnerabile
ad ogni veemenza.

Attimi d'eternità

Effimera e fugace,
s'asside pensosa,
la fallace Eternità.
Occhi smarriti,
non osano guardare,
lì dove un attimo
traspare a guisa
di tramonto celestiale.

Aurora d'autunno

Nel limpido universo dell'intelligibile
traspare un chiaro nitore,
che sconfigge le tenebre sparse,
di un tramonto senza fine.
Autunno, prodigo d'inattesa luce,
sospende il giudizio giammai pronto
a rimirar le stelle.
Fotogrammi di cielo
raccolgono i frutti
di un caleidoscopico arcobaleno.

Enigma

Lettera morta
nel segreto dell'anima,
ponte visibile
tra l'arcano e la nullità,
strada maestra,
che attanaglia
nel sonno del male,
chiunque s'appressa
a svelarne il mistero.

Quintessenza

Primitive rinascenze
avviluppano contigue atmosfere.
Ingenue rimembranze
mistificano l'inganno iperbolico,
di un preludio insignificante.
Prospettive allettanti,
come d'incanto,
vanificano la quintessenza,
che leggiadra e fiera,
s'inoltra nell'antro remoto,
paga d'aver nullificato,
la triste ombra
tradita da un sogno.

Frammenti lirici

D'intorno si erge soave
una lirica sparsa.
Si libra candida e pura
nell'estasi dei sensi,
crogiuolo paradisiaco
di un afflato aureo,
che un nobile sentire,
trasmette sol frammenti d'ego.
Impeto e passione
s'avvicendano,
sicuri d'aver rimosso,
il velo che copre
l'intimo fluire di orizzonti
di celata verità.

Inenarrabile involuzione

Il sapore amaro di un frutto
acerbo corrobora il debole
pensiero d'un esistenza
in cerca di pace.
Accessi di mera insignificanza
cancellano proiezioni dell'Ego,
che legge un brano senza epilogo,
consunto dalla quintessenza del desiderio.
Ogn'or tutto s'involve
in una sempiterna linfa,
che s'innesta in un indomito crogiuolo
di cristallina speranza.

Empatia

Nell'altro affido il mio essere
pronto a cogliere l'attimo migliore,
per offrirlo senza riserve.
A chi, se non a te che cerchi tutto,
apro le porte dell'amore,
mai pago di sfidare il mondo
sordo e vile che spinge
verso il nulla eterno?
In un accesso di delirio onnipotente
cancello ogn'ombra di perdizione,
per sfidare l'ego ribelle,
affinchè veda la luce
prima che sia troppo tardi.

Cuore ribelle

Vibra nei meandri dell'anima
un cuore ribelle.
Cercando di non confondere
l'essenza del vero,
s'agita nell'io impetuoso
di chi vuol lottare
per una giusta causa,
un coraggio infinito.
Nel flebile appello all'umana specie
trasale un grido di speranza,
che vola nell'oasi felice
di un' effimera realtà caduca e globale,
affranta da un sogno
che appare immorale.

Limiti estremi

Riduco all'inverosimile
il labile confine dell'infinito.
Odo il sinistro sibilo del vento
infrangere la maestà dell'immenso.
Nuovi e freschi ricordi
s'inebriano nel fluire tempestoso
d'un mare trasparente e puro,
che sembra confondersi
alla luce dell'aurora.
Atmosfere remote s'involano,
librandosi nell'etere evanescente,
ancor prima d'imbattersi
nel limite insuperabile
di una sempiterna passione.

Adolescenza inquieta

Eppur si muove
il dolce desiderio di giovinezza,
nel cuore infranto di un adolescente inquieto,
nel mare profondo dell'infinito,
all'ombra di un ineluttabile chiar di luna.

Parole intense

Le tue parole sono
carezze paradisiache
che vibrano nell'intimo
fluire di una solipsistica
esistenza.
Metamorfosi inaridite
contemplano possibili
richiami saccenti ed
iperbolici che sviliscono
l'innocenza
di un caleidoscopico avvenire.

Coraggio romantico

Continui flussi di coscienza
sondano l'impercettibile
linguaggio di un mondo
alla deriva.
Sensazioni nobili e cristalline
celano l'impavido
fulgore romantico,
annichilito da sensuali tempeste,
che come d'incanto,
avviluppano la tenera coltre
d'un sibillino ardore.

Parabola incompiuta

Meccanismi sinistri e perversi
prevaricano l'impronta malsana,
d'un ego dissidente e resiliente.
Un impatto violento
dissolve l'immane livore,
che pervade l'archetipo solenne,
di una parabola incompiuta.
Geometrie infime
obliterano uno strabiliante anelito
di sana speranza.

Segreto d'Oriente

In un oceano di silenzio
s'agita sicuro
un segreto d'Oriente.
Un'onda sconfina selvaggia,
rinfrancata da un dolce effluvio,
di rara armonia.
Migranti rincorrono sogni
infranti dal destino.
Minacce violente guidano
l'innocenza dello Straniero,
rapito da un'inalienabile
e crudele Naufragio.

Sovrasensi

Simboli e figure nella metaconoscenza
attaccano il senso del reale,
per colorare la smorta esistenza,
che penetra gloriosa,
nella trascendente sostanza
di un mondo ancora svilito
che s'affanna solitario e fugace
nel ritrovar la via,
intralciata da subdole presenze.

Magico incontro

Mosso da un iperbolico effluvio di piacere,
ripercorro i solenni strali,
che inebriano colline ridenti,
plasmate dal turpe vento
d'un intrepido autunno.
Magico incontro, improvviso richiamo
cangiante e blasfemo,
che s'asside nell'ora del meriggio
che volge al tramonto.

Valori

Si rincorrono nel tempo
e ondeggiano incerti,
in un mare tempestoso.
Sfiorano da lontano
l'effimero successo,
colpevoli soltanto di voler
sublimare il nulla.
Valori remoti, privilegio di
pochi che ancora resistono
all'infimo incedere di una
solipsistica essenza.

Mitico riflettere

Rintraccio il pensiero
che fugge solitario
e vola sicuro,
nell'edonistico sentiero
del mitico riflettere.
Ninfe del Parnaso
affollano leggiadre
la vivida sostanza
che s'interroga sovrana
nell'Universo dell'Intelligibile.

Futuro incerto

Là dove s'impelaga
il tortuoso cammino
e cade esausto
chi s'accinge
a orientarsi altrove,
risuona e vibra
la corda di uno strumento,
teso a cangiar armonia.
Passo dopo passo
si fa strada il futuro,
che traspare iperbolico e incerto,
per colui che sa che nessuno
giammai dovrà condividere
la vittoria nell'Olimpo
incantato da sirene,
che accoglie il trionfo
di una vita satura
d'insensato valore.

Finito di stampare nel mese di Gennaio 2016
per conto di Youcanprint *Self-Publishing*